TAÏTI.

(Cliché de M. A. Moreau communiqué par la Société de géographie de Paris.)

LES ILES DU GRAND OCÉAN

PAUL CLAVERIE.

En 1513, le conquistador espagnol Vasco Nuñez de Balboa (1), devenu, à la faveur d'une révolte, maître de Darien, colonie fondée trois ans auparavant par Francisco de Enricos, apprit de la bouche d'un cacique l'existence, vers l'ouest, d'un pays où l'on trouvait de l'or. Dans le dessein de s'en emparer, il partit aussitôt à la découverte de ces terres inconnues. Après avoir surmonté des périls et des fatigues sans nombre, il franchit les Andes. Le 25 septembre de la même année, il vit, du sommet d'une montagne de l'isthme de Panama, un océan sur lequel ne s'étaient jusqu'alors fixés les regards d'aucun Européen : il avait devant lui le Pacifique. Sans même aborder les côtes qui s'étalaient au loin sous ses yeux, il

(1) Vasco Nuñez de Balboa était né à Jérès de Badajoz en 1475. Après avoir mené en Espagne une jeunesse orageuse, il était parti vers Saint-Domingue (nom

déclara en prendre possession au nom de Ferdinand le Catholique. Celui-ci régnait déjà sur l'Aragon, la Castille, Grenade, la Navarre, Naples, et ses flottes parcouraient les mers. Le fleuron ajouté à sa couronne par Balboa en augmentait puissamment l'éclat. Le roi, transporté d'enthousiasme, s'empressa de nommer le conquistador « amiral de la mer du Sud »; mais des intrigues tramées par Pedraria de Avila modifièrent cette décision. Balboa, dépossédé de ses droits avant de les avoir exercés, dut se soumettre à l'autorité de son rival, qui, redoutant des représailles, le poursuivit d'une haine implacable, réussit à le faire accuser de rébellion sans en fournir la preuve et le fit décapiter. La postérité ne fut pas moins ingrate envers le grand navigateur; elle ne donna pas même son nom à un îlot de cet océan qu'il avait aperçu le premier.

Deux ans après la mort de Balboa, un Portugais entré au service de l'Espagne, Fernando de Magalhaes (1), obtint de Charles-Quint, pour chercher une route occidentale vers les Moluques, cinq vaisseaux avec un équipage de 236 hommes. Parti de San Lucar le 20 septembre 1519, il atteignit l'embouchure de la Plata le 12 janvier 1520. Après un hivernage dans un port de la Patagonie, où il écrasa un soulèvement des naturels, il parvint, le 21 octobre 1520, au promontoire qu'il appela « cap des Vierges », puis il pénétra dans le bras de mer que nous nommons aujourd'hui « détroit de Magellan ». Il le traversa et se trouva dans des eaux d'une apparence si tranquille qu'il leur attribua le nom d'océan Pacifique. Il explora ces parages avec les trois vaisseaux qui lui restaient. Au bout d'un voyage de trois mois et vingt jours, quand le manque de vivres et d'eau potable menaçait de mort l'expédition, il découvrit, le 6 mars 1521, l'archipel des Ladrones (îles Mariannes) et bientôt après les Philippines. Il convertit au christianisme le chef de Zébu, une de ces dernières, mais périt le 17 avril 1521 dans un combat avec les naturels de Matan, une autre île du même groupe. Ses compagnons continuèrent leur route vers les Moluques. Un seul des vaisseaux, *la Victoria*, sous le commandement de Sébastien del Cano, revint en Espagne (6 septembre 1522).

Ce fut le « premier voyage autour du monde », appellation généralement attribuée aux entreprises maritimes dans cette partie du globe, et d'abord conduites par les Espagnols en vue de conquérir les Moluques. Ces entreprises n'eurent lieu, au cours de tout le seizième siècle, qu'au nord du grand Océan. Elles échouèrent, au reste, presque toutes et par conséquent ne contribuèrent guère à étendre le domaine des connaissances géographiques. En 1526, de Loaysa passe le détroit de Magellan et cingle vers les Mariannes, pendant que le Portugais Dom Iorge de Menezes (1526-1527) est poussé sur la côte de la Nouvelle-Guinée, qu'il découvre ainsi par hasard. En 1528, Alvaro de Saavedra, parti du Mexique pour les Moluques, fait, au retour, la découverte des Carolines, et en 1529 celle de quelques-unes des îles Marshall. De 1542 à 1544, un autre Mexicain, Ruy Lopez de Villalobos, visite les Carolines, les îles Bonin, les Philippines et suit, en revenant, la côte de la Papouasie ou Nouvelle-Guinée. En 1565, Andrès de Urdaneta détermine le chemin direct des Philippines en Amérique.

En 1567, un autre navigateur espagnol, Antoine de Mendana, abandon-

donné autrefois à l'île d'Haïti tout entière). Afin d'échapper à ses créanciers, il s'était associé à l'expédition de Francisco de Enricos. (C. S.)

(1) C'est l'orthographe portugaise de ce nom, qui se prononce approximativement « Magaliànse ». Les Espagnols et les Français en ont fait Magellan.

nant les itinéraires tracés par ses devanciers, s'avance plus à l'est, et son audace est récompensée par un premier succès : il débarque aux îles Salomon. Encouragé par ce résultat, il s'aventure davantage au large et, en 1595, il reconnaît l'archipel des Marquises.

Le dix-septième siècle s'ouvre par l'arrivée de P. de Quiros, en 1606, dans l'archipel des îles Basses ou Pomotou (Touamotou), puis dans les îles de la Société (Tahïti) et dans les Nouvelles-Hébrides, pendant que son compagnon, l'Espagnol L.-V. de Torrès, découvre le détroit qui porte son nom et sépare la Nouvelle-Guinée du continent australien. Dix ans plus tard, deux Hollandais, J. Le Maire et W. C. Schouten, reprennent

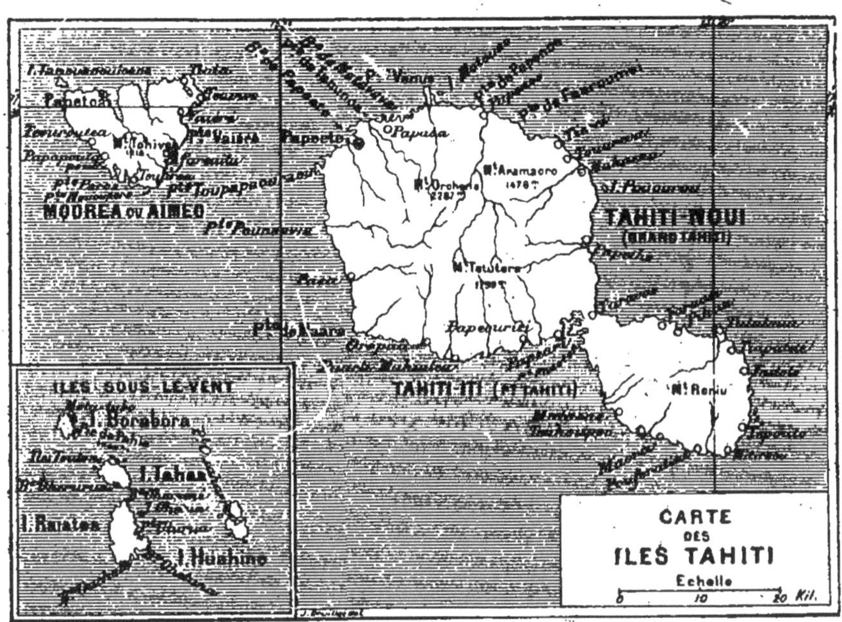

CARTE DE TAÏTI.

pour leur compte le voyage aux îles Pomotou et explorent par la même occasion la côte septentrionale de la Nouvelle-Guinée. En 1642 et l'année suivante, un autre navigateur hollandais, Abel Janszoon Tasman, est chargé d'une mission par le gouverneur général de Java, en vue de préciser la position d'une terre inconnue que l'on supposait située au sud-est de la colonie néerlandaise, et qui avait déjà été signalée vaguement par Dirk Hartog en 1616 et par Nuyts en 1627. Tasman découvre la grande île qui reçoit son nom (Tasmanie, ou Terre de Van Diemen) et gagne de là, non seulement la côte occidentale de la Nouvelle-Zélande, mais aussi les îles Tonga (îles des Amis) et les îles Viti ou Fidji. Ces découvertes successives font la lumière sur la géographie de l'Océanie. Grâce à elles on constate l'erreur commise en prenant ces divers archipels pour des parties d'un même continent. On possède désormais des points de repère de la carte du Pacifique; tous les grands groupes insulaires de la Malaisie, de la Micronésie, de la Polynésie sont maintenant connus, quoique l'Australie échappe encore aux investigations, dans son ensemble, car on n'a débarqué que sur certaines de ses côtes.

Le dix-huitième siècle marque de nouvelles conquêtes océaniennes; en 1700, l'Anglais William Dampier les inaugure. Il y avait déjà trente-quatre ans qu'il courait les mers. Né en 1652 à East-Coker, dans le comté de Somerset, il s'était embarqué tout jeune (en 1666) comme mousse et avait ainsi fait le voyage de Terre-Neuve. Puis il s'était arrêté comme volontaire pour prendre part à la guerre des Indes, en 1673. Chargé en 1674 de la surveillance d'une plantation à la Jamaïque, il y avait fait la connaissance d'un caboteur qui l'instruisit dans l'art de la navigation et lui donna le goût des aventures maritimes. En 1675, il visite avec le capitaine Wren la baie de Campêche, toute la côte qui s'étend du cap Catiche au cap Condecedo, revient ensuite à la Jamaïque et retourne bientôt en Angleterre, où il ne fait qu'un séjour de quelques mois. Rembarqué pour la Jamaïque, il est capturé dans la baie de Negril par des flibustiers, s'associe à eux, pille en leur compagnie les localités de la côte espagnole, pousse ainsi jusqu'au Pérou, débarque avec quarante hommes sur la côte ouest de l'Amérique, tombe au milieu d'un poste de flibustiers mexicains, fait cause commune avec eux et poursuit ses expéditions aventureuses. En 1683, il rencontre un autre capitaine anglais, Cook, qui l'emmène sur la côte de Guinée, puis à l'île Juan Fernandez, aux îles Galapagos (à l'ouest de la république de l'Equateur), enfin sur la côte du Mexique. Là, le capitaine succombe à la peste, et Dampier continue son métier de pirate, va mouiller à Ria Leja, s'empare à Guayaquil de plusieurs cargaisons d'esclaves et conquiert plusieurs villes sur la côte de la baie de Panama. Le capitaine Swen l'entraîne à Mindanao. Ils se brouillent, et l'aventurier se dirige seul vers Manille, au nord des Philippines. Les vents contraires le jettent dans les îles Baschi ou Batanes qu'il découvre. De là, par la mer de Chine et le détroit de Malacca, il aborde aux îles Nicobar avec sept compagnons. Une simple barque les transporte à Benkœlen, dans le détroit de la Sonde. Il arrive à Batavia, s'y engage comme canonnier dans l'armée hollandaise, déserte, erre longtemps dans les îles de la Sonde et finit par se faire recueillir à bord d'un voilier anglais qui le ramène en Angleterre. Il y écrit son *Voyage autour du monde*, auquel le premier lord de l'amirauté s'intéresse vivement. On lui fait des propositions au nom du gouvernement anglais. Il accepte de prendre le commandement d'une expédition et quitte, le 26 janvier 1699, la côte anglaise avec le *Roebuck*, prend la route du Brésil jusqu'aux îles de l'Union, se dirige de là vers la côte occidentale de la Nouvelle-Hollande, découvre la baie des Phoques, remonte jusqu'à la côte occidentale de la Nouvelle-Guinée en s'arrêtant à Timor, double le cap Nabo, fait voile vers l'île Schouten, puis, à l'ouest, découvre encore plusieurs îles et aborde à la pointe sud-est de la Nouvelle-Bretagne, qu'il appelle cap Saint-Georges. Il se convainquit, en traversant le détroit auquel il donna son nom (détroit de Dampier), que cette terre de Nouvelle-Bretagne est séparée de la Nouvelle-Guinée, dont on croyait qu'elle faisait partie, puis longeant la côte septentrionale de la Papouasie, revint au cap Nabo et atteignit Céram, où il s'embarqua pour l'Europe. Pendant la traversée il fit naufrage, le 22 février 1701, en vue de l'île de l'Ascension, où il n'aborda avec ses compagnons que sur un radeau. Un navire anglais mouilla quelques semaines après à Céram. Les naufragés purent ainsi rentrer dans leur patrie.

William Dampier n'y resta pas longtemps. En 1703, il entreprend un nouveau voyage au long cours; en 1705 il commande un vaisseau qui explore la mer du Sud; de 1708 à 1711, il accompagne comme simple pilote Woodes Roger dans un voyage autour du monde. Il disparaît ensuite, sans que l'on ait jamais su quelle fut la fin du roman si mouvementé de cette vie si dramatique.

En 1721, le Hollandais J. Roggeveen reconnaît l'île de Pâques, déjà aperçue en 1687 par Edw. Davis, et découvre les îles des Navigateurs, ou l'archipel Samoa (1722). Tous ces voyages, sans en excepter ceux de Dampier, ne donnèrent toutefois pas de sérieux résultats scientifiques. Ceux qui les entreprenaient n'étaient, en effet, que des hommes courageux, mais incapables de déterminer avec quelque exactitude la position des îles découvertes par eux, en sorte que leurs renseignements ne servaient que très imparfaitement à dresser de nouvelles cartes de l'Océanie, et que, dans bien des cas, il leur fut impossible d'indiquer le chemin qu'ils avaient suivi. Aussi se vit-on, presque généralement, obligé de recommencer leurs travaux. Nombre d'îles déjà visitées de cette manière furent de nouveau perdues; il fallut les découvrir une seconde fois, telles les Marquises, les Salomon, les Nouvelles-Hébrides, etc. Dans ces conditions, la connaissance définitive de l'océan Pacifique et des terres océaniennes ne date que de la seconde moitié du dix-huitième siècle, et c'est surtout à l'illustre navigateur anglais James Cook qu'elle est due. Ses voyages furent précédés de quelques expéditions remarquables : celle de Lozier Bouvet, qui découvrit, avec Hay, les îles Bouvet; celle du commodore Byron, qui n'aborda qu'en certaines îles de l'archipel Pomotou, des Marshall et des Mariannes; celle du capitaine Wallis, qui retrouva plusieurs îles sous le Vent et entre autres Taïti, du lieutenant Carteret, qui découvrit Pitcairn et le détroit de son nom, de Bougainville (1768), qui alla des îles Basses à Taïti, puis aux îles des Navigateurs, aux Nouvelles-Hébrides, à la Nouvelle-Guinée du Sud, retrouva les îles Salomon, perdues depuis si longtemps, et visita la Nouvelle-Bretagne.

Mais tous ces travaux, de même que ceux de la première moitié du dix-septième siècle, furent éclipsés par les voyages du capitaine Cook, le plus célèbre des grands découvreurs de mondes à côté des Christophe Colomb, des Magellan et des Tasman. Il eut la gloire non seulement de faire faire un progrès considérable à la science géographique par le nombre et l'exactitude de ses observations, mais encore et surtout de fournir des documents d'une immense valeur à l'ethnographie, dont on peut le regarder comme l'un des créateurs, par les peintures si saisissantes qu'il eut soin de tracer des mœurs de toutes les populations insulaires océaniennes avec lesquelles il se trouva en contact. Personne avant lui n'avait eu cette pensée, et l'on peut dire que personne ne s'acquitta de cette tâche si difficile avec plus de conscience, avec plus de talent et de savoir.

Les premiers voyages de Cook en Océanie remontent à 1768. Ils avaient plutôt un but astronomique. Il s'agissait de constater le passage de Vénus sur le Soleil. Il se rendit à cet effet, en 1769, aux îles Pomotou, puis à Taïti, et put de cette manière étudier à fond tout l'archipel des îles de la Société, d'où il alla visiter la Nouvelle-Zélande. Il découvrit le détroit qui sépare l'île Néo-Zélandaise du Nord de celle du Sud (détroit de Cook); il fit aussi la découverte de l'île Norfolk et l'exploration de la côte orientale de l'Australie, et reconnut le détroit de Torrès. Son second voyage fut principalement consacré à l'étude du Pacifique. Cette expédition eut lieu en 1773 et 1774. Cook était accompagné de plusieurs naturalistes : Banks, Solander, R. et G. Forster. Les résultats furent des plus précieux. On fit l'étude attentive de plusieurs points de la Nouvelle-Zélande, des îles Pomotou et de la Société; on reconnut à nouveau les Marquises et les îles Tonga, les Nouvelles-Hébrides. On découvrit la Nouvelle-Calédonie et l'archipel Hervey (îles Cook). Dans un troisième voyage, on fit la découverte de l'archipel Hawaï (îles Sandwich).

Nous ne raconterons pas ici dans tous ses détails la vie de Cook, qui périt, comme on le sait, le 14 février 1779, dans un combat avec les naturels. Ses aventures sont dans toutes les mémoires. Il suffit de rappeler qu'il fut l'initiateur de ce grand mouvement qui s'empara de toute l'Europe aussitôt après la mort de ce héros de la navigation. Les cent années qui s'écoulèrent ensuite furent témoins d'efforts prodigieux pour surprendre tous les secrets du monde océanien, efforts si tenaces qu'aujourd'hui il n'y a plus un îlot dans le Pacifique qui ne soit connu et où les Européens n'aient des relations commerciales (1). La France, l'Angleterre, l'Allemagne rivalisèrent d'ardeur dans ces expéditions. La plus importante de toutes fut commandée par Lapérouse, qui, en 1786, partit avec les frégates *la Boussole* et *l'Astrolabe* et fit le relevé de l'archipel de Samoa. Massacré par les naturels de Vanikoro, il a inscrit dans nos annales un nom immortel. En 1788, Gilbert et Marshall découvrirent les îles nommées d'après eux. En 1788 également et en 1789, Bligh visita l'archipel de la Société et les îles Fidji. En 1791, Vancouver fit l'exploration approfondie de l'archipel Hawaï, pendant que d'Entrecasteaux reconnaissait tout le sud-ouest du Pacifique. En 1797, Wilson mouilla aux îles de la Sonde, aux îles Tonga, aux Fidji, aux Marquises, et découvrit quelques-unes des Carolines.

Le dix-neuvième siècle continua cette œuvre. Des Français, des Anglais, des Allemands, des Russes s'acquirent de grands mérites par leurs voyages dans cette partie du monde : tels, Freycinet (1808), Duperrey (1823), Dumont d'Urville (1825), Lutke (1828), Fitzroy et Darwin (1835), et plus récemment le comte de Beauvoir, Marcel Monnier, etc.

Il est impossible de donner la nomenclature complète des ouvrages sur l'Océanie. Ils forment déjà une bibliothèque volumineuse; nos lecteurs la trouveront dans les comptes rendus de la Société de géographie de Paris, dans les *Proceedings* de la Société de géographie de Londres, dans les *Mittheilungen* de Petermann, et ils consulteront aussi avec fruit les deux volumes de K. E. Meinicke, *Die Inseln des stillen Ozeans* (1875-1876), qui font autorité, le catalogue du musée spécial de Hambourg, *Museum Godefray*, les *Lectures géographiques* de L. Lanier (Paris, Belin).

Charles Simond.

(1) Il y a bien peu d'îles océaniennes qui, actuellement, ne soient pas possédées par des puissances européennes. L'Angleterre en a conquis le plus grand nombre. Viennent ensuite la Hollande, l'Espagne, la France, les États-Unis, l'Allemagne, le Portugal, le Japon. Voir, sur la répartition des diverses îles océaniennes, la *Conquête de l'Océanie* (avec cartes) par Paul Barré (*Revue de géographie*, novembre 1894).

TAÏTI.

LES ILES DU PACIFIQUE (1)

TAÏTI

I

LE DÉTROIT DE MAGELLAN

Le 22 avril, le soleil se levait comme je montais sur le pont, un soleil pâle perçant à peine le brouillard froid qui s'étendait sur la mer et qui noyait tout d'une teinte grise et triste.

L'eau calme clapotait le long du navire, qui filait rapidement; au lieu de cette couleur bleue intense qu'elle avait encore la veille, elle avait pris cette nuance vert sombre qui indiquait le voisinage de la terre.

Nous avions déjà dépassé le cap des Vierges, qui s'allonge à l'entrée du détroit de Magellan, et dont la pointe, sablonneuse et plate, par un singulier effet de mirage, se relevait au-dessus de l'horizon, en dehors de l'eau, comme un éperon de navire.

De chaque côté de nous, à travers les vapeurs du matin, se dessinaient dans le lointain de grandes terres basses et sablonneuses

Des bandes d'oiseaux innombrables, plongeurs, albatros,

(1) Les pages que l'on va lire ici sont empruntées aux Notes de voyage, *Pages détachées*, de M. Paul Claverie. (Paris, librairie Plon.)

mouettes, piquaient la côte de milliers de points blancs courant sur la grève ou posés par centaines sur les bancs d'herbes marines qui formaint de larges plaques noires à la surface de la mer; ils prenaient leur vol à notre approche en décrivant de grands cercles.

A mesure que nous avancions, peu à peu l'aspect de la côte se modifiait, le sol se relevait, se couvrait de quelque végétation, et deux ou trois lignes de collines ondulaient les unes derrière les autres d'un vert sombre au premier plan, et noyées au dernier dans de légères vapeurs violettes.

Notre premier mouillage dans le détroit de Magellan fut celui de la baie Grégory, où notre ancre tomba vers quatre heures et demie du soir.

Un demi-cercle de collines élevées, couvertes d'épaisses forêts et tombant en pente douce dans la mer, enserrait la baie. Sur la gauche, une large coupure faisait une profonde trouée dans leur masse sombre et une vallée s'enfonçait, pleine de lumière et tapissée d'une herbe d'un vert clair comme une prairie. Le soleil se couchait derrière la ligne de montagnes, éclairant les crêtes et les frangeant d'une ligne d'or éblouissante, tandis que la baie se remplissait peu à peu d'ombre et que la surface de l'eau, unie comme un miroir, prenait une teinte grise et métallique.

La nuit venait lentement, un silence écrasant régnait, que coupait parfois le cri rauque d'un oiseau de mer passant rapidement.

Accoudés sur les bastingages, nous avions cessé nos conversations, et, dans cette solitude et ce grand silence, une étrange angoisse nous serrait.

Le lendemain, nous arrivions à Punta-Arenas, la dernière ville du Sud-Amérique. Deux ou trois navires étaient au mouillage, et sur un vieux ponton flottait le pavillon chilien. Nous y restâmes jusqu'au lendemain.

Au fur et à mesure de notre marche, le détroit se rétrécissait peu à peu et le paysage devenait de plus en plus sauvage. Aux collines élevées et couvertes d'épaisses forêts succédaient des montagnes abruptes montrant le roc noir et à peine recouvert d'une mousse rougeâtre. Sur les sommets les plus élevés la neige commençait à paraître, jetant sa note blanche sur le fond bleu du ciel. Une pirogue apparut où quelques gens, debout, agitaient un haillon rouge au bout d'un bâton. On stoppa pour la laisser arriver.

II

LES FUÉGIENS

C'étaient les premiers Fuégiens que nous rencontrions : il y avait un homme et trois femmes; malgré la bise froide qui soufflait, ils étaient presque entièrement nus, n'ayant qu'une peau de

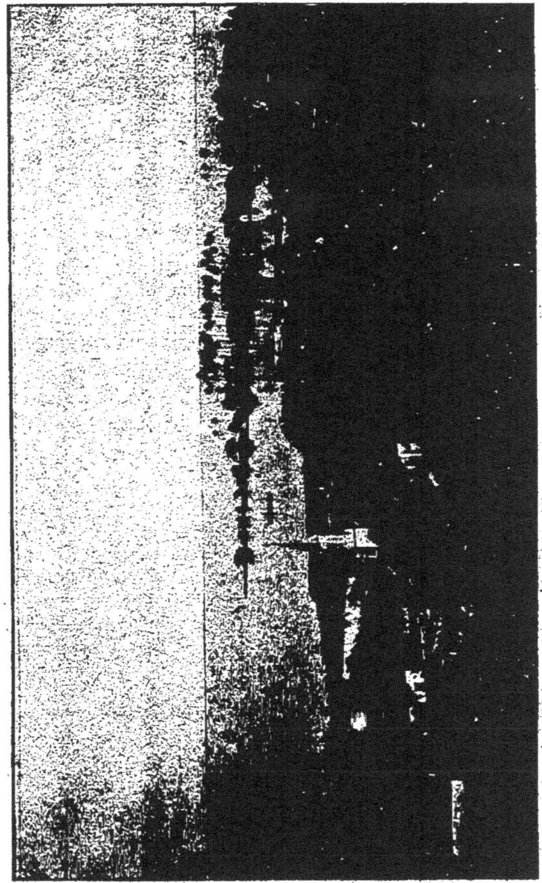

PAPEETE.

(Communiqué par la Société de géographie de Paris.)

daim, aux longs poils, nouée autour des reins. Avec leurs membres grêles, leur grosse tête au visage aplati, aux traits accentués, leur large bouche, leur nez épaté, leurs cheveux longs, droits et lisses, ils s'agitaient bruyamment dans leur étroite pirogue, demandant du « tabaco » et de la « galeta » en tendant des peaux de daim et de loutre.

Leur pirogue, longue d'environ cinq mètres, à peine large d'un, paraissait faite d'écorce et de peaux de phoque cousues ensemble, quelques tisons fumaient au milieu; une femme accroupie tenait dans une peau de loutre un enfant entièrement nu, et un grand vieux, aux cheveux grisonnants, portait sur ses épaules un long manteau à la fourrure usée et sale.

Après avoir échangé quelques mauvaises peaux et des espèces de sagaies en os taillé, contre quelques poignées de tabac et une dizaine de biscuits, nous continuâmes notre route, les laissant crier, gesticuler et rire.

La brise fraîchissait, et dans le ciel de grands nuages sombres couraient; de hautes montagnes apparaissaient dans le lointain, toutes blanches de neige, et auprès de nous la tête des pics se perdait dans d'épaisses nuées que le vent tordait autour d'eux, les voilant et les dévoilant tour à tour.

25 *avril.* — Un vent glacé, accompagné de rafales de pluie qui passent en sifflant dans les cordages, nous cingle le visage. Mais le spectacle est trop grandiose pour qu'aucun de nous songe à quitter la passerelle.

De tous côtés des cascades blanches d'écume ruissellent sur les flancs des rocs; partout un chaos indescriptible de montagnes couvertes de neige; c'est une immense muraille de granit qui se dresse, une gorge qui s'enfonce subitement, une baie qui se creuse avec un fond de forêts d'un vert sombre, un cap qui barre la route se dressant en falaise à pic, ou s'allongeant en pointe basse couverte d'arbres aux baies rouges. Entre deux nuages, le soleil glisse une vive traînée de lumière qui va s'éparpiller, mettant sur les choses des oppositions inattendues et rapides d'ombre et de vive clarté, pour disparaître l'instant d'après, tandis que sous un rideau de pluie le paysage prend une teinte grise uniforme et triste.

Dans la matinée, une pirogue encore s'avance vers nous; on diminue de vitesse et on la laisse accoster.

Dans celle-ci il y a trois femmes et un homme.

Ils sont couverts de lambeaux de vêtements européens ou de peaux de bêtes sales et déchiquetées.

Une vieille femme accroupie et qui paraît chargée du soin d'entretenir le feu qui brûle dans le fond de l'embarcation, rit d'un air abruti en montrant ses gencives édentées; de longs cheveux gris tombent sur sa face ridée couleur de cuivre sale; elle promène vaguement ses regards sur nous.

Une autre, d'une vingtaine d'années, est debout à côté d'elle et d'une voix d'enfant nous demande du tabac en tendant les mains.

Elle porte pour tout vêtement un court paletot de toile grise en loques, qu'elle a boutonné à grand'peine sur sa poitrine, qui fait ressortir davantage son torse gros et ses fortes hanches en désaccord avec ses bras et ses jambes grêles.

Un grand chien maigre aux poils longs et gris, assis sur son derrière, tend vers nous son museau allongé.

On leur jette quelques biscuits qu'ils attrapent au vol et on leur passe une pipe allumée. L'homme en tire avidement quelques bouffées qu'il avale et la donne à ses compagnes qui, malgré les nausées et la toux que la fumée aspirée leur cause, paraissent absolument satisfaites.

Alors une des femmes, vraisemblablement pour marquer son contentement, se met à chanter doucement sur un ton sourd et grave. Tout en chantant, elle se balançait, s'interrompant pour cracher et baver sur elle avec insouciance tandis que la salive lui dégouttait du menton.

Vers trois heures de l'après-midi, nous mouillons à la baie Borja : un fouillis inextricable de bois en couvre le fond, qui s'élève en pente assez raide par ondulations successives; à droite et à gauche, deux petits ruisseaux se sont frayés un passage et viennent se jeter à la mer en bruissant sur les galets du rivage.

Nous descendons à terre; l'eau est sur la rive d'une limpidité de cristal; à sept ou huit mètres de profondeur nous voyons distinctement le fond, où s'attachent de grandes plantes marines dont les larges feuilles viennent flotter et s'étaler à la surface.

Quand, le lendemain, nous continuâmes notre route, la pluie s'était définitivement établie, une pluie fine et continue que coupaient par moments de grandes rafales de tempête.

Et, dans ce paysage si tourmenté et si sauvage, une impression de tristesse immense et de je ne sais quelle angoisse montait avec la sensation d'être comme perdus tout au bout du monde, tous près de la fin de tout.

A neuf heures du matin, nous apercevions le premier glacier.

Au milieu des neiges qui couvraient une haute montagne se dessinait une grande tache d'un bleu verdâtre, comme translucide, et, à la lorgnette, on y distinguait un amoncellement de glaçons énormes grimpés les uns sur les autres, comme des vagues se heurtant dans un tourbillonnement de tempête et surprises ainsi au milieu de leurs luttes et de leur conflit.

De nombreux troupeaux de phoques passèrent en bondissant non loin du navire, et deux baleines nous suivirent assez longtemps, lançant de grandes gerbes par leurs évents.

Le 27 fut la dernière journée dans le détroit; la côte s'abaissait : c'était un dédale de rochers noirs et arides s'enchevêtrant les uns dans les autres; le détroit de Magellan reprenait un peu, à sa sortie, l'aspect qu'il avait à l'entrée; les deux rives s'écartaient et ne se distinguaient plus que confusément derrière un rideau de brume ou de pluie.

Alors, venant vers le nord en sortant du détroit, nous nous engageâmes au milieu de ces îles qui couvrent la côte ouest de la Patagonie et qui forment ce qu'on appelle les canaux latéraux.

30 *avril*. — Pluie, vent et grêle font rage et nous masquent parfois complètement la route...

Au mouillage de Puerto-Bueno, où le mauvais temps nous retint trente-six heures, toute une famille de Fuégiens accosta : huit hommes, quatre femmes et une dizaine de marmots. Dans un grand canot, débris de quelque naufrage, ils grelottaient sous le vent et la pluie, accroupis autour d'un feu maigre qu'ils entretenaient avec soin au fond de l'embarcation. Ils étaient presque tous entièrement nus. Les hommes et les enfants montèrent à bord, les femmes restèrent dans le canot. Ils présentaient le même type que ceux rencontrés précédemment : les membres grêles, le torse peu musclé, le tissu graisseux assez développé; l'abdomen gros et proéminent, les pieds et les mains petits. La tête est ronde, la face aplatie, le nez épaté, de fortes lèvres et généralement de mauvaises dents; les pommettes sont saillantes, et, sous un front bas et étroit, de petits yeux mobiles avec une expression inquiète et bestiale; en somme des êtres au dernier échelon des races humaines. Pas de barbe, quelques poils hérissés à la lèvre et au menton. Ils se parlaient très vite une langue sonore, dure, un peu rauque, paraissant presque exclusivement composée de voyelles.

Errant sur le pont, ils rôdaient autour des cuisines avec des allures de chiens affamés et se défiant des coups de pied; ils se chauffaient aux fourneaux et allongeaient leurs têtes au-dessus des panneaux ouverts de la machine, des profondeurs de laquelle montait une buée chaude. Ils attrapaient ici un os, là un biscuit, plus loin une poignée de tabac, que leur donnaient les matelots, ces autres grands enfants qui les regardaient curieusement avec de grands éclats de rire et les bousculaient amicalement. Ils allaient sans cesse du pont à leur canot, partageant avec leurs femmes ou serrant avec soin leur butin. L'instinct du vol perçait, et quand ils ne se croyaient pas observés, ils cachaient vivement sous leurs haillons les quelques débris ou menus objets qu'ils pouvaient prendre. Vers le soir, leur ayant donné qui un vieux pantalon, qui un vieux paletot, qui une paire de souliers percés, ils s'étaient un peu apprivoisés, causaient bruyamment, grotesques sous leurs oripeaux européens, et leur bouche se fendait d'une oreille à l'autre dans un rire bête. Dans l'après-midi, une pirogue avait passé près du bord sans s'arrêter; trois femmes la montaient, couvertes de peaux de bêtes, et trois hommes absolument nus, barbouillés de noir; peut-être en expédition guerrière.

2 *mai*. — Nous avons mouillé aujourd'hui au havre Grappler

Sur la plage, à 300 mètres, une vingtaine de Fuégiens s'agitent, et nous voyons distinctement trois ou quatre huttes d'où s'échappe

HABITATION DU GOUVERNEUR.
(Communiqué par la Société de géographie de Paris.)

une fumée épaisse. Nous débarquons; il y a là une quarantaine d'hommes, femmes et enfants; trois grandes pirogues sont tirées sur les galets de la plage; toute la bande nous entoure, tandis qu'une douzaine de chiens faméliques à mine de chacal, au pelage gris et noir et au long museau pointu, nous accueillent par des aboiements féroces.

Sur de petits tertres formés de détritus de toutes sortes et couverts de débris de grosses coquilles de moules se dressent les huttes. De forme arrondie, faites de branchages, recouvertes de peaux de phoque ou de daim, avec un trou au sommet pour la fumée, elles sont d'ailleurs fort grossièrement construites; le vent et la pluie y entrent largement par maintes ouvertures qui, à notre approche, laissent passer une tête étonnée d'homme, de femme ou d'enfant.

Trois femmes sont debout à l'entrée de la première hutte que nous rencontrons; deux jeunes, au visage relativement agréable, qui manifestent leur contentement par de joyeux éclats de rire; la troisième est une horrible vieille parcheminée dont une peau de bête couvre les épaules maigres et dont le ventre ridé et flasque tombe sur les cuisses en triple besace. Elle gesticule avec fureur, tendant vers nous un bâton dont elle nous menace; un peu de galette la fait taire; ses compagnes nous font signe d'avancer; nous les comblons de biscuit; à l'une d'elles l'un de nous donne même une espèce d'écharpe en mousseline, vêtement assurément bien approprié au climat; elle le noue aussitôt autour de sa taille avec de petits cris de singe joyeux; c'est son unique vêtement.

On fait cercle autour de nous et on nous présente des peaux de loutre, de daim ou de phoque, des têtes de renard et quelques armes primitives en os taillé. Ils sont arrivés à pousser la familiarité jusqu'à tâter avec soin nos vêtements en se regardant entre eux avec des claquements de langue significatifs. Mais voilà que P... tire sans crier gare un coup de fusil sur je ne sais quoi; l'effet de la détonation est immédiat; ceux qui nous entourent fuient à toutes jambes en hurlant, et à tous les trous des cases surgissent des têtes effarées et grimaçantes, livides de peur sous l'épaisse couche de crasse qui les protège du froid. Notre attitude les rassure, et, bien que timidement, ils reviennent peu à peu. Ce furent les derniers Fuégiens que nous rencontrâmes.

*
* *

5 *mai*. — Nous continuons notre route dans un dédale formé de petits îlots couverts de bois; à notre approche, toute la gent emplumée, assez nombreuse dans ces parages, plongeons, cormorans, canards, fuit à tire-d'aile. L'approche de l'hiver avait d'ailleurs fait émigrer vers le nord oiseaux et quadrupèdes; pendant l'été et le printemps, ces rivages sont au contraire peuplés d'une multitude d'oiseaux et d'animaux de toutes sortes.

Par moments, le canal où notre navire s'engage est tellement resserré qu'on dirait un étroit couloir où deux navires pourraient à peine se croiser, et nous longions presque à la toucher l'immense muraille de roches, haute de 2 à 300 mètres, qui tombait à pic dans la mer de chaque côté de nous, striée bizarrement de larges raies longitudinales alternativement blanches et noires. En d'autres endroits nos vergues frôlaient les arbres du rivage et les détours les plus brusques et les plus capricieux faisaient à chaque instant varier le paysage. Le *Icely-Sound* (1), devant lequel nous passons, étend à perte de vue son immense champ de glace, et de gros glaçons détachés de l'ice-field flottent çà et là. Vers six heures du soir, nous sortions des canaux; des vagues énormes nous faisaient tanguer effroyablement; des nuages s'amoncelaient poussés dans une course folle par un vent déchaîné; sous les coups de mer, le navire craquait lugubrement et vibrait dans toute sa coque. Nous entrions dans le Pacifique en pleine tempête.

III

LE PACIFIQUE

Il y a quarante-deux jours que nous avons quitté Valparaiso, et nous sommes encore à plus de cent lieues de Taïti. En vain avons-nous gagné le nord pour chercher les alizés de sud-est qui devaient nous pousser; nous n'avons rien trouvé, ou plutôt ils sont si faibles et si intermittents que la plupart du temps nos voiles battent presque inertes le long des mâts.

Le Pacifique mérite en ce moment son nom; une longue houle nous berce sans nous faire avancer, et, comme nous ne sommes pas pressés, ce n'est que lorsque, depuis vingt-quatre heures, nous roulons sur place ou dérivons en dehors de notre route que les feux sont allumés et que nous marchons à la vapeur.

Au point de midi, chaque jour, notre route, que nous suivons avec impatience sur la carte, se mesure par des traits si insignifiants, notre point d'arrivée paraît si peu se rapprocher, qu'un concert de lamentations éclate chez la plupart, exaspéré encore par le flegme d'un ou deux autres. C'est que nous sommes là huit officiers, dont le plus vieux n'a pas de beaucoup dépassé la trentaine et dont les autres ne l'atteignent pas, et nous commençons à trouver monotone cet éternel horizon où le ciel et la mer se rejoignent et où, depuis quarante-deux jours, rien n'a apparu, rien, ni une terre ni un navire.

Nous sommes dans des parages désertés, si loin de toute terre, que les oiseaux de mer qui accompagnent avec tant de persistance

(1) Le *Sound* est un bras de mer intérieur, qu'il ne faut pas confondre avec le *Strait* ou détroit. (C. S.)

les navires nous ont abandonnés il y a longtemps, et que la mer même paraîtrait inhabitée si d'énormes cachalots n'apparaissaient fréquemment, nous suivant des journées entières, s'approchant

TYPES DE TAÏTI.

(Communiqué par la Société de géographie de Paris.)

jusqu'à nous frôler, plongeant d'un côté pour reparaître de l'autre.

A la recherche des alizés introuvables, nous avons peu à peu gagné les régions intertropicales, et la chaleur est accablante. La mer est d'un bleu intense, violent, invraisemblable, unie comme un miroir, avec de longues ondulations de la houle qui nous balance,

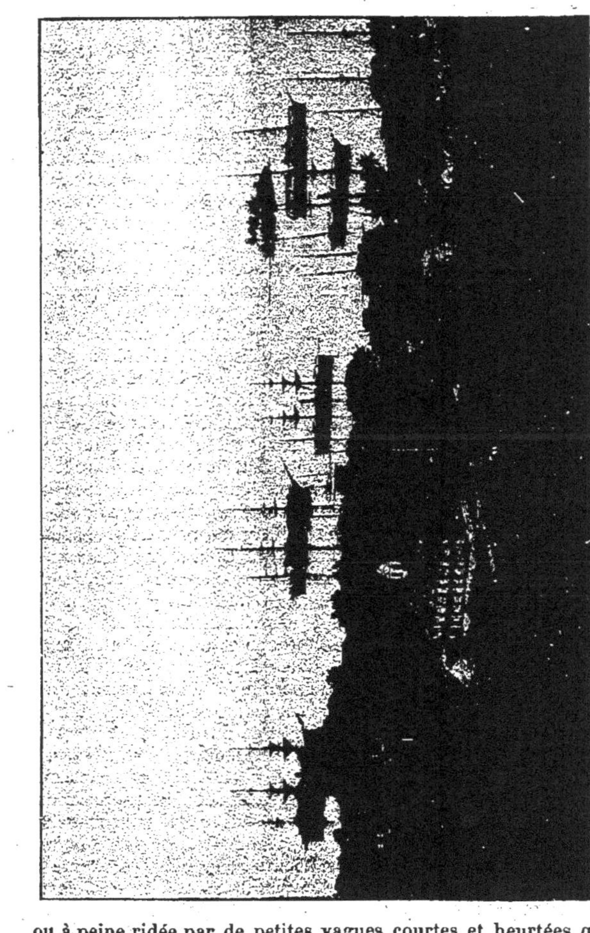

PAPEETE.

ou à peine ridée par de petites vagues courtes et heurtées quand un peu de brise passe comme un frisson à sa surface. Le ciel, d'un

une immense calotte, et nous paraissons être toujours le centre immobile d'un grand cercle immuable.

Quarante jours de mer, la chaleur, la monotonie d'une existence que les beautés du tableau de service ne peuvent vaincre, l'agacement de cette mer éternellement bleue sous ce ciel non moins bleu, ont affaissé les uns et rendu grincheux les autres, selon la variété des caractères; et quand l'heure des repas nous réunit à la même table, le carré retentit des conversations les plus saugrenues et les plus bruyantes, des discussions les plus animées et les plus abracadabrantes. Pas de grâce au contradicteur; allez donc, d'ailleurs, faire des concessions, même de détails, au voisin quand on a derrière soi quarante jours de mer et devant soi on ne sait pas combien, 30 degrés de chaleur et plus, de l'eau distillée, mais chaude à boire, de fades légumes de conserve ou des poulets étiques à manger, qu'on ne sait pas quand tout cela finira et qu'on a de vingt-cinq à trente ans!

Certes, le soir, lorsque le soleil, enfonçant rapidement dans les flots son disque d'or rouge flamboyant, allumait à l'horizon, sur la mer et dans le ciel, d'immenses et fantastiques incendies, jetait à profusion toute une gamme des couleurs les plus vives ou les plus tendres avec des bleus, des roses, des jaunes, des verts se fondant, s'harmonisant ou se heurtant dans un éblouissement qu'aucun pinceau ne saurait rendre, certes le spectacle était admirable. Il était rare que, tous les soirs, nous ne fussions pas tous là, accoudés aux bastingages, à contempler ce merveilleux panorama et à suivre toutes les dégradations de la lumière jusqu'au moment où, le soleil disparu, venait cette heure, si fugitive en ces latitudes, du crépuscule, qui n'est plus le jour et qui n'est pas encore la nuit. Minute étrangement solennelle, où le silence paraît plus profond, où le moindre bruit résonne avec de longues vibrations, où les sons les plus familiers prennent un timbre étrange et comme non entendu, où la mer tombe comme si l'onde plus dense devenait plus lourde, où le ciel, d'une transparence et d'une limpidité infinies, revêt une teinte, un reflet presque métallique sur lequel se dessine nettement la ligne élancée et fine de nos mâts et de nos cordages. Alors un peu de fraîcheur venait avec la nuit; les étoiles s'allumaient une à une, ou la lune traînait sur la mer, jusqu'au loin, tout à l'horizon, sa longue lumière argentée qui paraissait à la houle onduler comme un immense serpent. Alors la mer semble vivre d'une vie nouvelle : blanche comme du lait et lumineuse comme si de ses profondeurs montait une grande lueur mystérieuse, ou phosphorescente et comme en feu, avec des étincelles jaillissant de tous côtés au moindre bond de ses poissons, au moindre clapotis de ses vagues; et c'est un flot de feu que notre étrave refoule, c'est un flot de feu qui bouillonne le long de nos flancs, c'est un long sillage de feu que nous laissons derrière nous.

De ces nuits d'été en pleine mer une poésie indicible, à la fois puissante et triste, se dégage, à laquelle sont sensibles les plus indifférents et les plus durs. Dans ce grand silence, dans cette solitude et dans cette immensité, l'imagination se donne libre cours; c'est l'heure des pensées graves devant lesquelles l'éternel Inconnu se dresse, où le grand mystère des mondes sur lequel on se penche vous fait tressaillir effaré, et, corps et âme, il vous semble que l'infinie nature et matière vous a saisi, absorbé, jeté dans je ne sais quel nirvâna où l'on ne pense ni ne sent.

Ce fut par une de ces nuits, qu'ayant probablement glissé doucement du nirvâna dans un sommeil profond, je fus subitement réveillé par ces mots : « Un navire en feu par tribord devant! » En effet, à l'horizon, on apercevait une vive lueur, et, nous étant détournés de notre route, nous marchions droit dessus. Il faisait un calme complet, et nous allions à la vapeur; des millions d'étoiles éclairaient la mer, qui s'étendait comme une nappe d'huile. Dans le profond silence de la nuit, les coups réguliers de notre machine résonnaient sourds et rapides; les matelots de quart sur le pont, penchés sur les bastingages, cherchaient à distinguer le navire incendié, échangeant quelques rares réflexions de cette voix basse et blanche de ceux qui parlent dans la solitude d'une nuit tranquille où le son de votre propre voix monte comme celui d'une voix inconnue.

Il n'y eut bientôt plus de doute : un grand navire brûlait; à la jumelle, on distinguait parfaitement sa coque, au-dessus de laquelle courait une grande lueur, tandis que tout à l'avant un point brillait comme un phare. Bientôt nous fûmes assez près pour nous figurer voir des ombres passer et s'agiter avec de grands gestes d'appel; mais à mesure que nous avancions, cette illusion s'évanouit. Nous en approchâmes jusqu'à deux cents mètres à peu près. Pas un bruit, pas un cri n'indiquait qu'il y eût un être vivant à bord; au point, d'ailleurs, où en était l'incendie, il ne pouvait plus y rester personne vivant encore.

Le point brillant de l'avant était le mât de beaupré qui achevait de brûler. Le feu devait être à bord depuis déjà plusieurs jours. C'était un grand navire à la coque et aux bas mâts en fer; le pont défoncé n'était plus qu'une immense fournaise; les hauts mâts en bois, à demi brûlés, s'étaient abattus et, retenus par les cordages d'acier, se balançaient lugubrement au gré de la houle; des chaînes pendaient, grinçant le long des flancs de fer du navire; des craquements semblaient comme des gémissements tandis que, par instants, de grandes gerbes de feu et de fumée montaient.

Une baleinière fit le tour du bateau; à l'arrière, on put déchiffrer ces lettres : IALEM; on héla à plusieurs reprises, aucune voix ne répondit; nous revînmes en route, et, peu à peu, sinistre épave, le navire incendié disparut dans le lointain.

Qu'était devenu l'équipage, qui avait dû fuir dans des embarcations? On fit bonne veille, mais rien n'apparut; la terre la plus proche était à environ quatre cents lieues, et, pour y atteindre, du calme ou des vents contraires (1)!

***

Hier, dimanche, nous avons enfin aperçu la terre. Il faut n'avoir eu pendant si longtemps que le ciel et l'eau pour tout spectacle pour comprendre avec quelle joie puérile nous fouillions l'horizon de nos jumelles et quelle tendre admiration j'eus pour le premier cocotier qui montra son panache dans la lentille de ma lorgnette.

Nous sommes passés à un demi-mille environ de l'île Tatakoto, l'une des Pomotou. Elle nous apparut comme une étroite bande de terre très basse, couverte de cocotiers dont les têtes en parasol et les troncs élancés paraissaient sortir de la mer. Une longue ligne blanche la bordait de notre côté, formée par l'écume des énormes vagues qui venaient se briser sur sa muraille de corail. Comme la forme annulaire de l'île se dessinait nettement, on voyait de l'autre côté de la bande de terre jaune et sablonneuse une sorte de lac aux eaux tranquilles, d'un vert clair, et miroitant aux rayons du soleil. Au loin, de l'autre côté de l'anneau, dans un brouillard transparent et comme lumineux, la mince silhouette d'autres cocotiers se distinguait. Des milliers et des milliers d'oiseaux de mer couvraient le sable de l'île et tournoyaient à quelques mètres audessus du sol, tous dans le même sens et incessamment, comme emportés dans une ronde éternelle d'âmes de damnés. Quelques-uns, se détachant, venaient, avec de grands cris rauques, voler autour de nous.

Toutes les îles, très nombreuses, qui forment le grand archipel des Pomotou ou Tuamotou ont une formation et une origine identiques. C'est un immense anneau de corail (2) plus ou moins irrégulier enfermant un grand lac intérieur aux eaux profondes, ne communiquant avec la mer que par quelques passes étroites là où, pour une cause quelconque, le corail a cessé de monter. Presque toutes les îles de la Polynésie ont ainsi leur ceinture de coraux, ouvrage séculaire d'infiniment petits, muraille gigantesque et infranchissable contre laquelle viennent se briser les efforts incessants de la mer. Plusieurs théories ont été émises pour en expliquer la formation (3).

(1) Arrivés à Taïti, nous signalâmes notre rencontre et nous apprîmes plus tard que le trois-mâts en fer portait le nom de *Jérusalem* et que son équipage avait pu gagner, sain et sauf, les îles Gallapagos.

(2) On désigne cet anneau de corail sous le nom d'*atoll*. (C. S.)

(3) Parmi ces théories, la plus importante est celle de Darwin. Elle se trouve dans son ouvrage sur la structure des atolls, *les Iles de corail*. Voir aussi *Coral and coral Islands* (le corail et les îles de corail) du géologue américain J.-D. Dana. (C. S.)

A Taïti et dans les îles analogues, îles montagneuses et d'origine volcanique, on croirait voir émerger les sommets ver-

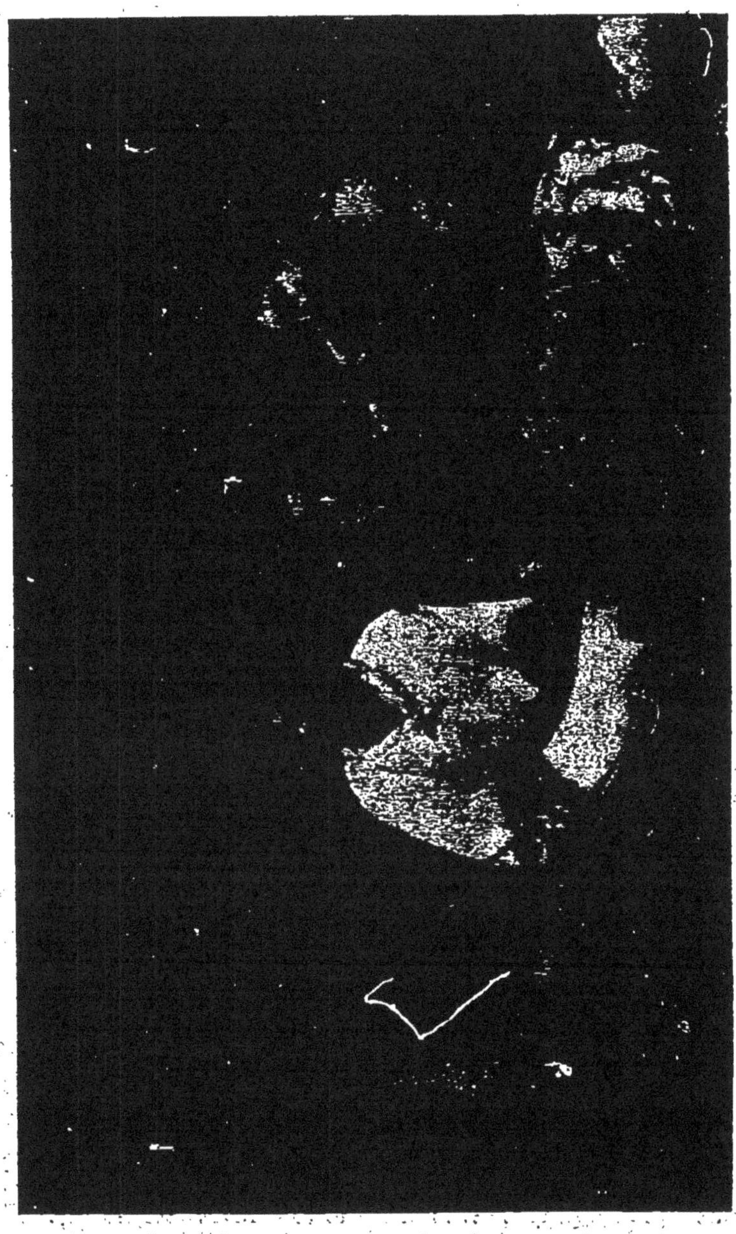

TYPES DE TAÏTI.
(Communiqué par la Société de géographie de Paris.)

doyants de hautes montagnes à demi englouties et sur les flancs desquelles, sous l'eau, dans une zone déterminée, des millions et des millions de polypes ont amoncelé leurs débris. E'. ainsi se sont formés ces magnifiques anneaux de récifs coraliens aux mille couleurs et aux grottes profondes, où l'on voit se jouer des troupes innombrables de poissons aux formes étranges et aux couleurs éclatantes.

Dans les îles, comme les Tuamotou, réduites à un simple anneau, on admet généralement, avec Darwin et Reclus, que la montagne centrale s'est effondrée, affaissée, engloutie peu à peu, tandis que la muraille montait toujours, arrivait à fleur d'eau, recevant les détritus, les épaves de toutes sortes, en n'enserrant plus que de vastes lacs dont la surface tranquille contraste avec l'éternelle agitation de la mer qui vient se briser sur le récif en hautes volutes écumantes. Peut-être pourrait-on mettre en avant une autre hypothèse et, sans parler d'affaissement géologique, admettre que les flancs des monts immergés ont, comme ceux dont les sommets émergent, offert, à une certaine profondeur et dans une zone favorable au développement des animalcules, un point d'attache aux polypes coralifères. Ceux-ci, s'amoncelant, sont alors arrivés à fleur d'eau en anneaux plus ou moins irréguliers, selon la disposition de la ligne d'implantation.....

Aujourd'hui, pluie et orage, comme il y en a fréquemment dans ces parages. Nous passons tout près d'une de ces îles. Les vagues du large déferlent avec fureur sur le récif, avec un mugissement sourd et continu qui vient jusqu'à nous comme une menace. C'est une longue ligne blanche d'écume d'où jaillissent par instants, à une grande hauteur, d'énormes tourbillons, de véritables trombes d'eau; les embruns qu'emporte le vent font au-dessus comme une fine brume à travers laquelle on voit la tête échevelée des grands cocotiers qui ploient sous la rafale.

Dans quatre jours, nous serons à Taïti.

IV

TAÏTI ET LES ILES SOUS LE VENT

Ce matin, 8 juillet, vers sept heures, nous avions par le travers le phare de la pointe Vénus, et la côte de Taïti se déroulait à nos regards.

Le soleil était à peine levé depuis une heure, une brise légère et fraîche passait, et à ce moment délicieux du jour les détails de l'île nous apparaissaient avec une netteté merveilleuse (1). Son diadème de hautes montagnes si étrangement découpées se dressait tout en haut, au milieu de nuées légères et roses sous les rayons du soleil levant; au-dessous jusqu'à la mer, de longues vallées

(1) Dumont d'Urville appelle Taïti « la perle et le diamant du cinquième monde ».

descendaient, et des sommets jusqu'à la plage un immense et frais tapis de verdure couvrait tout.

Les rayons du soleil, presque horizontaux, glissaient sur les plateaux, laissant dans l'ombre le fond des vallées, jetant une note claire sur le dos verdoyant des collines, s'accrochant aux arêtes, qui laissaient derrière elles des traînées d'ombre pleines de vapeurs bleuâtres et diaphanes.

A quelque distance de nous une longue ligne blanche courait sur la mer où les vagues se brisaient, marquant la place de l'anneau de coraux à fleur d'eau qui entoure aussi Taïti. A dix heures, par une passe étroite, nous franchissions le récif et, dans ce magnifique bassin naturel aux eaux tranquilles et profondes, nous mouillions à cent mètres du quai. Deux vaisseaux de guerre français et un américain étaient à l'ancre; le long du quai quelques navires de commerce débarquaient des marchandises.

D'un fouillis de verdure émergent quelques maisons; c'est Papeete, vu du bord.

Taïti! Et les jolies et si fraîches pages de Loti montent à notre mémoire! L'Océanie et tout un monde étrange passent devant notre souvenir à la suite des Cook, des Bougainville, des Dumont d'Urville et des Lapérouse.

Une nuée de pirogues légères à balancier nous environnent, chargées de bananes, d'oranges, de cocos, de papayes, de mangues, de pommes roses, de tous ces fruits des tropiques si différents des nôtres; et de la terre et des bois voisins, des fruits des pirogues et de la salure de la mer monte dans la fraîcheur du matin un parfum fort et exotique. Mais voilà que dans une baleinière accoste un lieutenant de vaisseau, aide de camp du gouverneur, et que le résumé de sa conversation avec le commandant est celui-ci: « N'éteignez pas les feux et partez ce soir. Pas loin, à Huaheine et à Bora-Bora, deux des îles sous le Vent; allez porter les invitations officielles pour la fête du 14 juillet (1), et revenez-nous le 12 au soir chargé de passagers. »

Et ce fut à bord un *tolle* général; ce qui n'empêcha pas qu'en ce moment nous sommes en mer pour Huaheine. C'est une traversée d'une nuit, mais quelle nuit! Oncques ne vis roulis plus effroyable. La gueule de nos canons dans l'eau, le pont balayé par des paquets de mer; je m'accroche avec désespoir à la table où j'écris jusqu'au

(1) Taïti appartient à la France et l'on y célèbre la fête nationale. Bien que l'on doive au capitaine anglais Wallis les premières notions sur Taïti (1767), les Français y vinrent de bonne heure. En 1842, la souveraine du pays, impuissante à apaiser les querelles intestines, à mettre fin aux difficultés sans cesse renaissantes dans ses Etats, demanda à l'amiral Dupetit-Thouars la protection de la France. Cette requête fut agréée par l'amiral, qui, l'année suivante, crut devoir prendre définitivement possession du pays; mais il fut désavoué: la France opina pour le maintien pur et simple du *statu quo*, et les choses marchèrent ainsi jusqu'en 1880, époque à laquelle cette terre devint colonie française. Elle est aujourd'hui définitivement annexée. (C. S.)

moment où une trombe d'eau passe par la claire-voie ouverte du carré, s'abat sur ma table, et fait sous mes pieds un flot que le roulis promène d'une cloison à l'autre.

*
* *

Huaheine et les îles sous le Vent font avec Taïti partie d'un même groupe géographique (1) et présentent à peu près la même configuration et le même aspect. Nous contournons l'île et nous arrivons en face du mouillage d'Effari-Roa. L'anneau de corail se rompt à cet endroit pour laisser passage aux plus gros navires. Nous sommes au milieu de récifs sur lesquels les vagues du large viennent déferler en volutes régulières se succédant indéfiniment. Elles s'avancent, paraissant s'élever à mesure qu'elles approchent des brisants; leur crête se frange d'une écume argentée, et tandis que du côté du large elles se gonflent et s'arrondissent, du côté de la terre elles se creusent, et l'eau est si limpide qu'elles sont d'un vert clair presque transparent. Tout à coup l'énorme masse d'eau dont la base vient se heurter au récif s'abat en s'enroulant pour ainsi dire sur elle-même dans un bouillonnement tumultueux, et un fracas continu monte comme un roulement de tonnerre.

Puis nous voilà dans les eaux tranquilles de la baie. Le spectacle est digne d'admiration. Notre arrivée a causé une grande animation, et de nombreuses pirogues circulent de tous côtés. Ce sont des embarcations à trois ou quatre hommes, faites d'une seule pièce dans un tronc de tamanou et munies d'un balancier en bois léger qui en assure la stabilité.

Dans le fond du paysage, de hautes montagnes se dressent abruptes, puis descendant peu à peu en pentes plus douces, se creusent en belles vallées verdoyantes et se couvrent de cette magnifique végétation des tropiques. Sur le bord de la mer, c'est un fouillis de cocotiers élancés, de bananiers aux larges feuilles, d'orangers, de pandanus, de baraos, et au milieu, à demi perdues dans la verdure, ou baignant leurs pieds dans les eaux paisibles de la mer, de jolies cases en bois ou en bambou.

Sur le rivage s'agite une foule bigarrée, rouge, blanche, rose; et le tout forme un tableau plein d'un mélange d'originalité et de grandiose, de sublime et de grâce, d'un exotisme charmant, un décor féerique d'opéra où tout semble disposé pour le plaisir des yeux.

Pendant que nous nous promenons enfin sur la terre ferme avec une jouissance facile à comprendre chez des gens que la mer ballotte depuis plus de cinquante jours, notre commandant est allé transmettre l'invitation du gouverneur à la reine de Huaheine et à ses sujets.

L'affaire est d'importance; aussi, prise au dépourvu, celle-ci

(1) Voir notre *Bibliothèque illustrée des Voyages*, nº 10. *Memento géographique.*

demande à consulter son conseil. Et tandis que le conseil délibère,

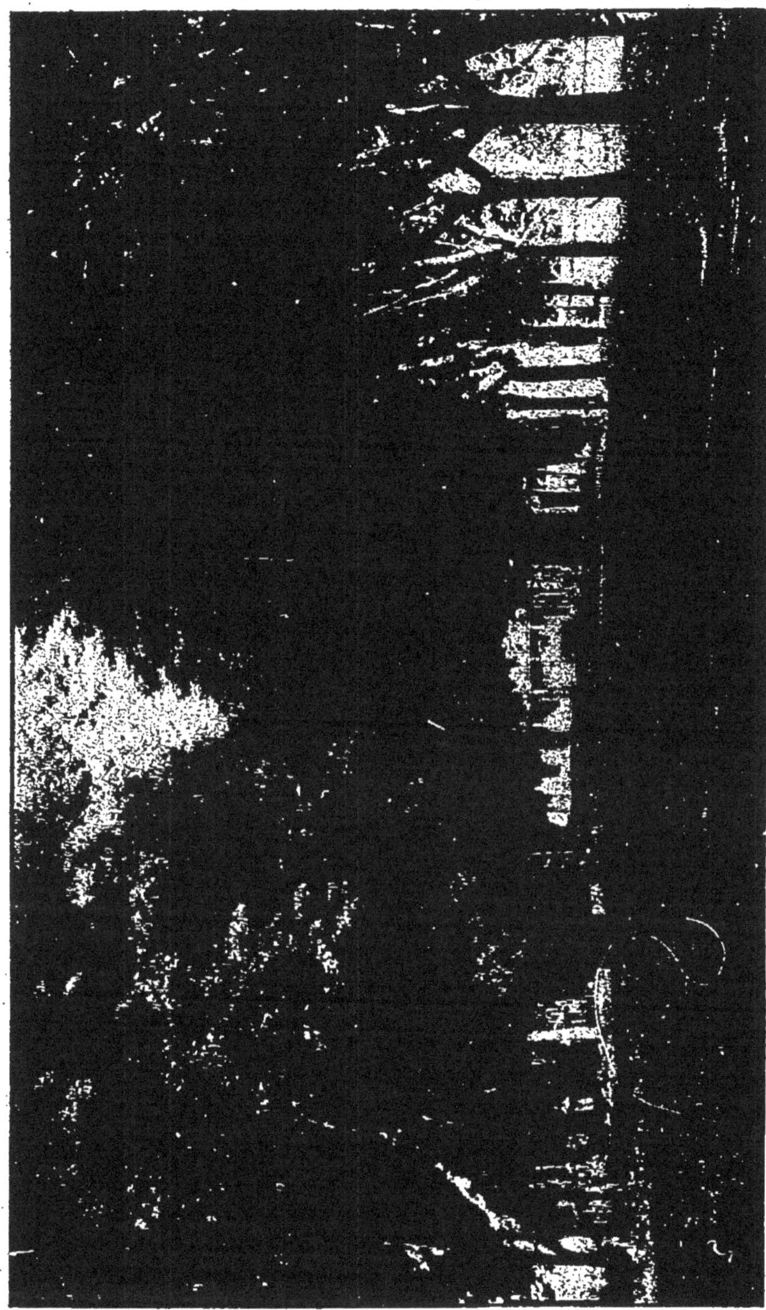

PAPEETE. — AVENUE SAINTE-AMÉLIE.
(Communiqué par la Société de géographie de Paris.)

nous allons par les routes et les sentiers ombragés le long desquels sont les cases proprettes des indigènes; nous foulons sur la plage les fins débris de coraux que de petites vagues pressées viennent en bruissant lécher doucement; nous longeons de jolis ruisseaux frais et limpides à l'ombre des citronniers et des orangers qui embaument. Les gens sur notre chemin nous saluent d'un « ia ora na (1) » amical; les enfants nous suivent de loin, et aux portes apparaissent des visages curieux de femmes brunes aux longs cheveux noirs et aux grandes robes claires. Comme de grands enfants, nous allons bruyants et gais, un peu grisés par le plaisir tant attendu de fouler enfin autre chose qu'un pont de navire, par l'enchantement de cette nature si merveilleusement et si gracieusement belle, et par les parfums de la brise fraîche qui fait frissonner au-dessus de nos têtes les cimes des cocotiers.

Et le conseil délibérait toujours.

La case royale où il se tenait réuni et au-dessus de laquelle flotte le pavillon de l'île est tout sur le bord de la mer, à l'embouchure d'un joli ruisseau. Elle est en bois, peinte en blanc, à un étage et entourée d'une large véranda.

A quatre heures, quand notre promenade nous ramène de ce côté, la délibération est terminée : on accepte, mais on nous prie de ne prendre les passagers qu'à notre retour de Bora-Bora; il y a des préparatifs à faire. Les chefs, membres du conseil, sortent de la case : quelques vieillards à barbe rare et blanche, au teint basané, appuyés sur de longs bâtons; un indigène, entre deux âges, marche fièrement; il a arboré un superbe tuyau de poêle, enfourché un pantalon à bandes d'or qu'il a attaché aux chevilles avec un lien de cocotier, et une vaste redingote aux gros boutons de cuivre fait flotter derrière lui des pans fantastiques. Il est parfaitement grotesque, surtout à côté du superbe gaillard qui est près de lui, jambes nues, torse nu, un simple pareo bleu autour des reins. Comme nous passons devant la case royale, l'intérprète qui nous a rejoints nous offre de nous présenter à la reine, et nous gravissons les marches de l'escalier de la véranda en mettant en fuite une nuée de jeunes femmes tranquillement assises et fumant leurs longues cigarettes. Elle s'envolent en riant aux éclats, et de l'appartement où l'on nous introduit nous les apercevons qui nous examinent curieusement par les fenêtres.

La réception est pleine de dignité. Dans une grande salle un peu sombre et nue, n'ayant pour meubles qu'une table, quelques chaises et des nattes, trois personnages sont assis à gauche, tandis qu'une douzaine sont accroupis par terre à droite; au milieu, une femme d'un certain âge, la reine. Graves et corrects, quoique très crottés par notre promenade le long des ruisseaux, nous saluons respectueusement. Tout le monde se lève. La reine est une femme d'une cinquantaine d'années, au visage régulier, ne manquant pas d'une certaine dignité; ses cheveux gris pendent en deux nattes

(1) Bonjour.

sur ses épaules; elle est vêtue d'une longue robe flottante. A sa droite est son fils, jeune homme d'environ trente ans, mélange de sang anglais et de sang maori. Nous échangeons quelques paroles banales de présentation et nous nous retirons.

***

Le lendemain matin nous partions pour Bora-Bora. Ici, la ceinture de corail qui entoure l'île, au lieu d'être nue, à fleur d'eau et balayée par les vagues, se trouve plus élevée et forme une longue bande sablonneuse couverte de cocotiers; nous franchissons la passe et nous sommes dans une baie profonde què domine à gauche une immense muraille de rocher taillé à pic et fantastiquement découpé.

C'est dimanche, et du bord nous voyons de tous côtés des hommes et des femmes aux costumes clairs, qui se dirigent lentement vers une construction en corail blanc que l'on devine être le temple protestant. Une sorte de longue avenue suit le bord de l'eau ombragée par de grands cocotiers, des bananiers, des manguiers et des maiorés (arbre à pain); de jolies cases se cachent de chaque côté dans la verdure, et devant nous, sur le sol, fuient effarouchés des centaines de tourlourous (crabes de terre) qui rentrent précipitamment dans les innombrables trous qui font de la route une véritable écumoire.

Nous voici devant la case de la jeune reine de Bora-Bora; nous entrons et nous nous trouvons en présence d'une enfant d'une douzaine d'années, habillée de soie jaune, qui nous gratifie en riant d'une vigoureuse poignée de main et qui, vivement intéressée par notre présence, se met à genoux sur sa chaise, les coudes sur la table, et nous regarde fixement en se fourrant alternativement les doigts de chaque main dans le nez.

A quatre heures, nos invités arrivent à bord; nous passons par Huaheine prendre nos autres passagers, et en route pour Papeete. L'envahissement est complet; nous avons trois cents à trois cent cinquante personnes sur le pont; mais tout se passe sans cris, sans bousculades, ni récriminations; tout le monde paraît heureux et gai. Le temps est magnifique, heureusement, et ce n'est que l'affaire d'une nuit.

La reine de Huaheine nous a confié son fils, le seul de tous nos hôtes qui soit vêtu à l'européenne, ce qui a l'air de le gêner un peu. Aussi, dès que le soir arrive, il se débarrasse de son paletot, enlève avec satisfaction ses souliers et, à la mode canaque, tire sa chemise par-dessus son pantalon.

La nuit est calme; la mer sans une vague; toutes nos passagères ont été placées à l'arrière du bâtiment, où, dans l'obscurité, leurs vêtements blancs ou roses jettent une note claire; les longs cheveux noirs flottants exhalent une forte odeur de muguet; le feu d'une longue cigarette canaque éclaire par instants d'une lueur fugitive un jeune visage aux grands yeux noirs et aux lèvres souriantes; et le murmure des conversations monte entrecoupé de frais éclats de rire. Et voilà que, dans le silence de la nuit, s'élève, chantée par plus de cent voix d'hommes et de femmes une mélopée étrange, grave et douce, un de ces « himenés (1) » taïtiens d'un charme si pénétrant et si bizarre qui vous berce délicieusement.

***

Papeete (2) n'est qu'un grand fouillis de verdure, et ses rues, de larges avenues bien ombragées. Les environs en sont ravissants, et il doit y avoir au monde peu de promenades qui vaillent celle de l'Est, du côté du tombeau de la reine Pomaré, ou celle de l'Ouest, du côté de Faa.

Le tombeau de la reine est un grand monument très simple en corail blanc; il se trouve dans un site admirable, sur un petit cap verdoyant et couvert de beaux arbres, tout sur le bord de la mer, dont les eaux paisibles viennent mourir doucement à quelques mètres, tandis que, du côté de la terre, par une échappée de vue, apparaissent dans le lointain les hautes cimes découpées du Diadème.

Du côté de Faa, la route, très accidentée, suit le rivage, soit qu'elle domine la mer d'assez haut, soit que les vagues lèchent le corail à vos pieds. La côte se déroule avec mille détours capricieux qui font varier le paysage à chaque pas. Quand la route s'élève, on aperçoit au loin l'île de Moorea, avec son chaos de montagnes dont les contours un peu indécis se perdent en ce moment dans de légères vapeurs roses ou violettes; la mer étincelle sous les rayons du soleil, et de chaque côté de la route c'est un sous-bois charmant où les larges feuilles d'un vert sombre et luisant de l'arbre à pain se mêlent au feuillage clair des bananiers, tandis que les hauts parasols des cocotiers frissonnent doucement sous la brise.

Sur la gauche, des collines s'étagent ou une vallée se creuse et s'enfonce dans la montagne qui dresse tout là-bas son énorme masse, que l'on voit de partout, et dont la tête touche les nuages. Sous les grands bois pleins d'ombre, au milieu des orangers et des citronniers, sont éparses les maisons canaques (3) en bambou. Çà

(1) On nomme ainsi des chœurs à plusieurs parties généralement exécutés pendant les fêtes. (C. S.)

(2) Papeete (ou Papéiti) est le siège du gouvernement, la capitale de l'île. C'est, au vrai, une bourgade d'environ 2,500 âmes. Son nom lui vient, croit-on, d'un ruisseau dans lequel on allait autrefois puiser de l'eau avec des calebasses. *Pape*, eau; *ete*, corbeille. (C. S.)

(3) Les naturels de Taïti portent le nom de *Canaques*, que l'on écrit aussi *Kanaks*.

et là, le bleu ou le rouge éclatant d'un vêtement de femme jette une note crue; des hommes au torse nu et le pareo bleu à fleurs blanches noué autour des reins se livrent nonchalamment à quelques travaux domestiques, des vieillards rêvent au seuil des portes, des

MOOREA (A GAUCHE, LA BAIE D'OPONOU; A DROITE, LA BAIE DE COOK.)

(Communiqué par la Société de géographie de Paris.)

marmots nus et bruyants se roulent dans le sable au milieu des poules et des cochons.

Par moments, à travers la feuillée, un coin de mer apparaît tout éclatant de lumière ou parsemé de petites îles couvertes de cocotiers pressés les uns contre les autres.

nade, le crépuscule est venu, le soleil se couche derrière Moorea, qui paraît tout embrasée; sous les bois, de grandes flèches de lumière traînent encore entre les arbres, allongeant démesurément les ombres, et peu à peu tout s'éteint; les Canaques, accroupis devant les maisons, font cuire le maioré ou le poisson pour le repas du soir: des feux s'allument et brillent çà et là, et de minces panaches de fumée montent tout droit entre les arbres; les lointains s'obscurcissent et se noient peu à peu; sous les cocotiers, une pénombre descend, une teinte plus grave a envahi tout le paysage, un grand silence est tombé.

Rapide et presque complète, la nuit est venue, et tout d'un coup un grand souffle passe sur les bois; de la terre et des plantes chauffées par le soleil s'exhalent, dans la fraîcheur du soir, de pénétrants parfums, et les mille bruits mystérieux de la nuit s'élèvent.

Qui les peindra jamais, ces belles nuits de Taïti, quand le ciel resplendit de millions d'étoiles, quand la brise embaumée par les tiarés et les citronniers passe en frémissant dans les feuilles, quand la grande voix monotone de la mer vous berce et vous endort, quand on sent passer dans la nuit comme un souffle mystérieux? Alors la pensée s'égare et se perd; c'est comme une angoisse indicible, mais délicieuse, qui vous étreint et dont on sort à regret, comme d'un rêve.

Et le jour, quand le soleil jette sur tout son éclatante lumière et sa chaleur vivifiante, il n'est rien de plus beau et de plus grandiose que ces paysages qui s'étalent sous vos yeux, enserrés par la mer bleue et par ce diadème de montagnes aux pics fantastiques et aux flancs verdoyants. Et que de sous-bois charmants, de cours d'eau délicieux, de jolies cascades, de ruisseaux frais et limpides chantant sur les cailloux! quel fouillis de lianes, de fougères arborescentes, de plantes et d'arbres de toutes sortes! quelle exubérance de vie et que de tableaux ravissants!

Si avare ailleurs, la nature a été ici singulièrement prodigue de ses dons : le climat est doux et chaud, le pays merveilleusement beau; l'indigène y trouve, sans fatigue, presque sans travail, ce qui est nécessaire à sa vie; il n'a qu'à tendre la main pour y cueillir les fruits qui le nourrissent : fei, ignames, bananes, maiores, papayes, oranges, fruits de toutes espèces; la pêche, toujours fructueuse, n'y présente ni peine ni danger.

Aussi aucun peuple n'est-il plus paresseux, plus insouciant (1). Aucun n'a moins de besoins et moins de désirs, de même qu'aucun

(1) Pendant le jour, la plupart des Canaques, étendus à l'ombre, sommeillent avec placidité, signe visible d'une conscience tranquille. Ils ouvrent les yeux peu à peu, à mesure que le soleil descend sur l'horizon, et, à la nuit close, des chœurs des deux sexes célèbrent les nouvelles du jour : c'est le journal indigène de la localité. (C. S.)

n'a une philosophie plus doucement fataliste et une bonne humeur plus inépuisable que le Taïtien. La vie de l'esprit y est bien réduite, mais c'est le triomphe de la vie contemplative, en même temps que la vie des sens y est intense et affinée, comme cela doit arriver dans un pays où tout paraît fait pour la satisfaire.

Le Taïtien appartient à cette forte race maorie qui peuple toute la Polynésie (1) : les hommes sont vigoureux, intelligents, généralement de haute stature, au visage fier et non dénué d'une mâle beauté; les femmes aussi sont généralement fort belles, surtout dans la race croisée, où l'on trouve fréquemment des types d'une grâce et d'une perfection de lignes vraiment rares. Gai et rieur, ne connaissant rien ou presque rien des âpres luttes pour la vie de nos vieilles civilisations, le peuple de Taïti est peut-être unique au monde : les fleurs, les danses, les chants et le vin d'oranges sont les grandes passions et presque l'unique souci des Taïtiens et des Taïtiennes.

***

La grande mode est d'aller le soir prendre le thé chez le Chinois (2); les couples s'organisent, et voilà que subitement le quartier chinois est envahi par une foule extraordinairement bigarrée, mais dont les éléments disparates se rencontrent dans cette pensée de laisser fuir les heures gaiement. Et, fait digne de remarque, dans ce coudoiement de gens de toutes sortes, il est rare que de gros mots s'échangent, que des querelles s'élèvent ou que la gaieté monte à un diapason trop élevé. D'ailleurs, telle échope de Chinois a sa clientèle habituelle plus ou moins choisie; et, dans le cabaret, au milieu d'un tapage infernal, circule entre les bancs de bois le « Tinito » (Chinois) affairé, au sourire figé sur les lèvres, petit homme jaune aux yeux clignotants relevés vers les tempes, dont les membres grêles et la poitrine étroite flottent dans une courte blouse bleue; un pantalon gris aux plis raides tombant au genou découvre des tibias maigres au bout desquels deux pieds osseux font claquer des babouches jaunes.

Il va d'une table à l'autre, portant de petites tasses de liqueur blonde et fade que surmonte un mince panache de vapeur, sou-

(1) Les Taïtiens ou Canaques appartiennent à un mélange de race noire, jaune et blanche. Ils ont les cheveux plats, le nez épaté, les pommettes saillantes, les lèvres épaisses, le teint couleur de bronze. Les enfants métis d'Européen et de Canaques naissent blancs et roses. (C. S.)

(2) La population de Papeete se compose d'Européens, de Canaques et de Chinois. Ceux-ci sont au nombre d'environ cinq cents. Ils occupent la partie de la ville nommée *Petite Pologne* et y habitent des cabanes en planches. Négociants dans l'âme, ils se livrent à toutes les transactions commerciales, et font venir de l'étranger des marchandises de toute nature qu'ils revendent en détail. Ils ont introduit à Papeete l'habitude de boire du thé, et c'est chez eux que l'on se rend pour le prendre. (C. S.)

riant toujours, ou tout à coup rageur et regimbant avec une voix de crécelle sous les plaisanteries et les brocards un peu vifs d'une Taïtienne pour qui un Chinois est un être éminemment méprisable : « Tinito ouri neo neo! Le Chinois est un chien puant! » Et par-dessus le tohu-bohu des gens et le tapage des conversations, dans la rue qu'éclairent bizarrement les lanternes en papier des cabarets, grince je ne sais quelle musique, flûte chinoise criarde, flûte à trois trous dont on joue avec le nez, accordéon pleurard.

Et aujourd'hui je ne puis entendre le son mélancolique et nasillard d'un accordéon, sans voir passer dans une vision rapide tout ce quartier excentrique de Papeete, où d'âcres senteurs d'opium se mêlent aux parfums du monoi et des tiarés, sans me figurer entendre monter dans les bois odorants, sous la clarté des étoiles, les graves et doux hymenés de Taïti, sans revoir la mer bleue aux grottes profondes de corail, la montagne aux pics fantastiques, les fraîches vallées ombreuses, les clairs ruisseaux où nous nous baignions si délicieusement; et me sonnent encore aux oreilles les joyeux éclats de rire et les gais propos, en cette langue taïtienne si harmonieuse et si douce, de jolies femmes aux noirs cheveux, aux beaux yeux. Ia ora na, Taïti! Adieu, Taïti!

Paul Claverie.

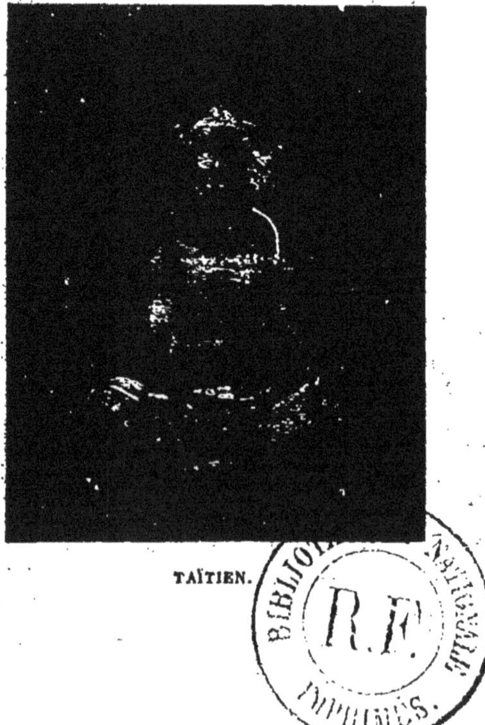

TAÏTIEN.

www.ingramcontent.com/pod-product-compliance
Ingram Content Group UK Ltd.
Pitfield, Milton Keynes, MK11 3LW, UK
UKHW031057260726
13965UKWH00006B/1984